PAIDEIA
ÉDUCATION

FRANÇOIS-RENÉ DE CHATEAUBRIAND

Atala

Analyse littéraire

© Paideia éducation.

22 rue Gabrielle Josserand - 93500 Pantin.
ISBN 978-2-75930-457-8
Dépôt légal : Septembre 2023

Impression Books on Demand GmbH

In de Tarpen 12

22848 Norderstedt, Allemagne

SOMMAIRE

- Biographie de Chateaubriand.................................. 9

- Présentation de *Atala*... 15

- Résumé du roman.. 19

- Les raisons du succès.. 27

- Les thèmes principaux....................................... 31

- Étude du mouvement littéraire.............................. 39

- Dans la même collection..................................... 45

BIOGRAPHIE

FRANÇOIS-RENÉ DE CHATEAUBRIAND

François-René de Chateaubriand est un écrivain français né à Saint-Malo en 1768. Dixième enfant d'une ancienne famille aristocratique mais modeste, il passe ses premières années dans sa ville natale, près de la mer. En 1777, la famille s'installe au château de ses ancêtres à Combourg, et toute l'enfance de Chateaubriand se passe tantôt dans le château, tantôt à Saint-Malo, tantôt dans des collèges de villes bretonnes, à Dol, Rennes et Dinan.

Dans le sombre château de Combourg où il passe deux années de solitude avec la nature, entre 1784 et 1786, le jeune Chateaubriand devient rêveur, mélancolique, exalté. Il trouve compagnie auprès de sa quatrième sœur Lucille, qui partage son désenchantement précoce et pour qui il est transporté d'une sorte de tendresse amoureuse. C'est elle qui éveille la conscience de son génie.

En 1785, alors qu'il songeait au suicide, il obtient un brevet de sous-lieutenant au régiment de Navarre et part tenir garnison à Cambrai. Un an plus tard, il se rend à Paris. Présenté au roi Louis XVI et accueilli dans les salons, il commence à fréquenter des auteurs de renom comme La Harpe, Parny, Fontanes, Chamfort. En 1789 paraissent ses premiers vers dans l'*Almanach des Muses*.

Il assiste aux premières journées de la Révolution et, dégoûté, concrétise son projet de partir pour l'Amérique où il voyage cinq mois, de juillet à décembre 1791, dans l'intention de découvrir le passage du Nord-Ouest, ainsi que l' « homme de la nature » selon la définition de Rousseau. Il va à Philadelphie, New-York, remonte l'Hudson en bateau, passe par les chutes du Niagara et par la région des Grands Lacs. À la nouvelle de l'arrestation de Louis xvi, il décide de rentrer en France et débarque au Havre le 2 janvier 1792. Il se marie, puis rejoint l'armée des émigrés et est grièvement blessé au siège de Thionville.

De 1793 à 1800, Chateaubriand se réfugie en Angleterre où il connaît la misère et la maladie. Malgré cela, il découvre la littérature anglaise et travaille à son *Essai historique, politique et moral sur les révolutions*, qu'il publie en 1797. C'est également à Londres que se prépare sa conversion : très éprouvé par la mort de sa mère et de sa sœur Julie, il revient à la religion qu'il avait abandonnée, et décide de consacrer son œuvre littéraire à l'apologie du christianisme. À son retour de l'émigration en mai 1800, il rapporte la première ébauche du *Génie du Christianisme* qui paraîtra en avril 1802.

De retour en France, il fait la connaissance de Benjamin Constant, de madame de Staël et de madame Récamier. Devenu l'ami de Pauline de Beaumont, il achève auprès d'elle *Atala* (1801), *René* (1802) et le *Génie du Christianisme* (1802). Ses ouvrages ont un succès immédiat.

Bonaparte, enthousiasmé par la restauration religieuse, propose à Chateaubriand de faire carrière dans la diplomatie. Il est alors nommé premier secrétaire d'ambassade à Rome et part pour l'Italie en 1803, puis devient ministre de France dans le Valais. Il démissionne en 1804 après l'exécution du duc d'Enghien, qui réveille sa conscience monarchique. Il reste alors en marge de la vie politique tout en adoptant une attitude d'opposition à l'égard de l'Empire, et se consacre aux lettres.

En 1806, il fait un voyage à travers la Grèce, la Turquie, la Terre sainte, l'Espagne. Il publie ses *Martyrs* en 1809 – épopée en prose sur les premiers temps du christianisme – et le récit de son voyage, l'*Itinéraire de Paris à Jérusalem*, en 1811. La même année, il est élu à l'Académie française, mais ne prononce pas son discours de réception car il refuse d'y apporter les corrections exigées par l'Empereur. C'est vers cette époque qu'il entreprend la rédaction de ses *Mémoires d'outre-tombe*, avec le sentiment que sa carrière littéraire est en train de s'achever.

Avec le retour des Bourbons, Chateaubriand revient sur la scène politique et devient ministre de l'Intérieur. Puis, ne pouvant admettre que des hommes ayant servi la Révolution et l'Empire puissent devenir ministre de la Restauration monarchique, il devient, par dépit, l'un des meneurs de l'opposition ultra-royaliste. En 1816, il fonde le journal *Le Conservateur* avec Bonald et Lamennais, au sein duquel se révèlent ses talents de polémiste. Louis xviii cherche alors à l'éloigner en le nommant ambassadeur à Berlin (1820) puis à Londres (1821). Charles X suit l'exemple de son prédécesseur et nome Chateaubriand ambassadeur à Rome (1828). Après 1830, celui-ci refuse de servir Louis-Philippe devenu roi des Français, et rentre dans une studieuse retraite.

En 1826, il publie les *Natchez* et *Les Aventures du dernier Abencerage* ; puis des *Études historiques* en 1831 et *Une vie de Rancé* en 1844. En 1841, il termine le chef-d'œuvre de sa vie, les *Mémoires d'outre-tombe* qu'il avait commencé en 1809, et dont il avait déjà lu quelques passages dans le salon de madame Récamier avec qui il entretient une amitié passionnée.

Malgré quelques reproches sur sa vanité démesurée, l'influence de Chateaubriand est immense sur toute la littérature de son temps. Son *Génie du Christianisme* nourrit les débuts du romantisme ; et de son *René* naît le « mal du siècle ». Il meurt en 1848 et, selon son vœu, est enterré sur l'îlot du Grand Bé, près de Saint-Malo.

PRÉSENTATION DE ATALA

Atala, ou les Amours de deux sauvages dans le désert, est un court roman extrait de la grande épopée indienne des *Natchez*, publié chez Migneret à Paris en 1801, avant de devenir un épisode du *Génie du Christianisme*. Inspiré par son voyage en Amérique au cours duquel il fait un rapide séjour chez les Indiens, Chateaubriand a l'idée de décrire les mœurs des sauvages avec pour fond historique le massacre par les Français de la tribu rebelle des Natchez. Autour des thèmes de l'exotisme et de la religion se dessine l'idylle passionnée de deux jeunes gens.

Sur les rives du Meschacébé, le vieux sachem Chactas raconte à son fils adoptif, le français René exilé volontairement en Louisiane, l'aventure principale de sa jeunesse. Capturé et condamné au bûcher par une tribu ennemie, une jeune indienne d'éducation chrétienne, nommée Atala, s'éprend de lui et l'aide à s'évader. Les amants errent dans la forêt jusqu'au jour où un missionnaire, le père Aubry, les accueille dans sa grotte et promet de célébrer leur union. Chactas découvre les prodiges du christianisme et promet de se convertir pour épouser celle qu'il aime. Cependant, pour ne pas briser le vœu que sa mère a fait à sa naissance en la consacrant à la vierge, la jeune fille s'empoisonne.

Par la nouveauté et la fraîcheur de l'écriture, par l'évocation d'une idylle passionnée au sein d'une nature luxuriante, en butte à l'interdit religieux, *Atala* enchante ses contemporains. Le succès est considérable, et l'ouvrage apparaît comme l'une des œuvres ayant ouvert l'ère de la littérature romantique.

RÉSUMÉ DU ROMAN

Prologue

Le narrateur fait une description de la rive du Meschacebé (ou Mississippi). Puis il présente Chactas, un vieillard aveugle de la tribu des Natchez, rentré depuis plusieurs années dans sa patrie où il se repose désormais. Le vieillard a adopté un Français du nom de René, arrivé en Louisiane en 1725, et lui a donné pour épouse une Indienne appelée Céluta. Un soir, René demande à Chactas de lui conter les aventures de sa jeunesse.

Le récit

Les chasseurs

Chactas naît près des rives du Meschacebé. À dix-sept ans, il combat les Muscogules, une nation des Florides, aux côtés de son père le guerrier Outalissi. Les ennemis triomphent, et Chactas se blesse en défendant son père qui perd la vie. Chactas fuit à Saint-Augustin où il est recueilli par un vieil espagnol du nom de Lopez. Il est élevé avec amour, mais passé vingt ans, épris de solitude et ne cachant plus son dégoût pour la vie des cités, il prend la décision de retourner dans sa patrie au risque de tomber à nouveau entre les mains des Muscogules. Lopez tente de le détourner de son dessein, en vain. Les adieux sont déchirants.

Chactas s'égare dans les bois et se fait capturer, comme l'avait prédit Lopez, par les Muscogules et leurs alliés les Siminoles. On l'enchaîne et lui annonce qu'il sera brûlé au grand village. Une nuit, alors que les Indiens ont installé leur camp au bord d'une forêt, Chactas fait la rencontre d'Atala, la fille du chef des guerriers, une jeune femme d'éducation chrétienne. L'indienne revient chaque soir lui parler. Au dix-septième jour de marche, elle éloigne le guerrier qui veille sur Chactas, lequel est attaché au tronc d'un arbre. Elle le détache et lui dit de s'enfuir. Tous deux échangent un baiser, mais puisque la fille du sachem refuse de partir avec lui, Chactas préfère affronter le bûcher. Le lendemain, Atala l'emmène dans une forêt de pins et le supplie à nouveau de s'enfuir, en vain. Lors de cette promenade nocturne, les amants sont éprouvés par deux rencontres : un jeune homme qui chante en se rendant chez celle qui doit répondre à sa demande en mariage ; et la réunion, selon la coutume, de femmes stériles autour du tombeau d'un enfant mort, dans l'espoir de guérir leur infirmité. Lors de la promenade, les amants sont découverts et Chactas est enchaîné encore plus solidement, loin d'Atala.

Cinq jours plus tard, Chactas doit être conduit au bûcher, quand le chef de la nation convoque les sachems pour délibérer sur le changement ou non de la coutume antique consistant à brûler les prisonniers. Les avis divergent, mais le verdict tombe enfin : Chactas est condamné au bûcher. Cependant le supplice est différé, car il est d'usage de ne tuer aucun captif pendant les jours consacrés à la « fête des morts ». C'est seulement après la cérémonie que Chactas est conduit dans une arène au cœur d'un bois, où les prisonniers de guerre sont sacrifiés. Les préparatifs s'éternisent jusqu'au coucher du soleil, et le supplice est à nouveau différé.

Pendant la nuit, Atala tranche les liens qui retiennent son amant prisonnier et s'enfuit avec lui. Tous deux se réfugient dans la savane et mènent une vie simple et heureuse. Mais à mesure de leur avancée, Atala devient triste et semble cacher un terrible secret. Tout en affirmant son amour pour Chactas, elle dit ne jamais pouvoir devenir son épouse. Elle paraît déchirée entre l'amour et la religion. Mais la passion triomphe peu à peu de sa vertu.

Les amants poursuivent leur marche pendant des jours, jusqu'au moment où un orage les oblige à se réfugier dans une forêt. C'est à ce moment qu'Atala révèle qu'elle est la fille chrétienne de Lopez, le bienfaiteur de Chactas. Cette coïncidence renforce encore la passion du couple. Le combat d'Atala semble vain. Épuisée, la jeune fille est sur le point de céder à la tentation. Mais la violence de l'orage empêche les amants de succomber à leurs désirs. Alors que la tempête fait rage, un missionnaire vient à leur aide et propose de les héberger.

Les laboureurs

Après une demi-heure d'une marche dangereuse, Atala et Chactas arrivent à la grotte du père Aubry, où la jeune fille conte le récit de leurs aventures. Le père Aubry promet de les marier, ce qui réjouit Chactas, mais semble plonger Atala dans une profonde détresse. Pendant qu'Atala se repose dans la grotte, le père Aubry fait visiter à Chactas le village de la mission où il enseigne aux indiens, devenus laboureurs, la piété et les arts de la paix. Chactas, séduit par cette société évangélique, est prêt à se convertir au christianisme pour épouser celle qu'il aime.

Le drame

De retour à la grotte, Chactas et le prêtre trouvent Atala mourante. C'est alors que la jeune fille révèle son « funeste secret » : à sa naissance, sa mère a fait le vœu, pour la sauver d'une mort certaine, de consacrer sa virginité à la Reine des Anges. Mourante, elle lui a fait promettre de respecter ce vœu et de ne jamais se marier. Atala comprend toute l'horreur de ce serment lorsqu'elle s'attendrit sur le sort du « jeune et beau prisonnier », tiraillée entre le désir de se laisser aller à sa passion et la terreur de faillir à son serment.

Le père Aubry lui promet, si elle guérit, d'écrire à l'évêque de Québec qui a le pouvoir de la relever de ses vœux. Elle pourra dès lors épouser Chactas. Ces paroles, au lieu de la consoler, plonge Atala dans un immense désespoir : il est trop tard, car elle s'est empoisonnée la veille, craignant de succomber à ses désirs. Aucun remède ne peut soulager les maux d'Atala. Pour la préparer à la mort, le père Aubry entame alors une longue consolation. « Le flambeau de la religion à la main, il semblait précéder Atala dans la tombe, pour lui en montrer les secrètes merveilles ». Avant d'expirer, la jeune fille réaffirme son amour pour Chactas et lui offre le petit crucifix que Lopez avait envoyé à sa mère, quelques jours après sa naissance.

Le sachem aveugle, ému au souvenir lointain d'Atala, interrompt un instant son récit et montre le crucifix à René. Il poursuit son histoire.

Les funérailles

Chactas est anéanti. Accompagné du père Aubry, il part enterrer Atala sous l'arche d'un pont et jouit encore de sa beauté, « statue de la virginité endormie ». Après avoir creusé de leurs mains un tombeau, ils transportent la jeune fille dans son « lit d'argile » et la recouvrent de terre. De retour à la grotte, le père Aubry conseille à Chactas de retourner chez lui, au Mescacebé. L'indien quitte donc le missionnaire dès le lendemain. Il passe au tombeau où il se laisse aller à une « rêverie amère », puis se retire, en versant des flots de larmes.

Épilogue

Un nouveau narrateur, « voyageur aux terres lointaines », qui connaît les aventures de jeunesse du sachem grâce au récit d'un Siminole, se demande ce qu'est devenu le père Aubry. Un matin, le voyageur observe une femme exposer son enfant mort sur les branches d'un arbre, selon la coutume indienne. Ému, il s'approche de la femme qui se révèle être la petite fille de René et Céluta. Touchée par la gentillesse de cet étranger, elle accepte de répondre à ses questions : les Chéroquois ont pénétré à la mission et torturé le père Aubry, qui ne cessa de prier pour ses bourreaux et de consoler les hommes jusqu'à sa mort. René et Chactas, quant à eux, ont péri lors du massacre des Natchez par les Français.

LES RAISONS
DU SUCCÈS

Certaines tendances romantiques commencent déjà à se manifester dans la deuxième moitié du XVIIIe siècle. Des auteurs comme Rousseau, Diderot ou l'abbé Prévost orientent la littérature vers la naissance d'une nouvelle sensibilité qui sera qualifiée postérieurement de préromantique. C'est la naissance de la passion du « moi », de l'exaltation du sentiment de la nature, du culte de la sensibilité. Rousseau pose les fondements de l'autobiographie moderne avec *Les Confessions* (1782-1789) et *Les Rêveries du promeneur solitaire* (1776-1778), où il donne une description approfondie de son « moi ». Mais c'est surtout dans son roman sentimental *Paul et Virginie* (1788), qui fait la renommée de l'auteur, qu'il établit une correspondance entre la représentation de la nature et les émotions des amants malheureux.

C'est le triomphe de *Paul et Virginie*, montrant combien les récits de voyages enrichissent la littérature de fiction, mais également les récits de Cook et de Bougainville, révélant les mœurs candides des peuples sauvages, qui motivent la rédaction d'*Atala*. Pour rattacher son projet littéraire à l'air du temps (qui demande des descriptions authentiques des paysages et des lieux géographiques), Chateaubriand s'inspire d'un rapide séjour chez les Indiens d'Amérique. Il raconte ainsi l'histoire d'une idylle passionnée sur fond d'exotisme et de fatalité. L'amour de la nature et la richesse sentimentale qui y transparaissent vont faire de l'écrivain le père fondateur du romantisme. Chateaubriand se situe ainsi entre deux siècles : d'un côté il reprend des thèmes chers aux Lumières – le mythe du bon sauvage, la littérature de voyage, la religion naturelle –, de l'autre, il introduit une forte dose de lyrisme et fait de son récit « une sorte de poème en prose, moitié descriptif, moitié dramatique ».

Ce n'est pas tant l'intrigue d'*Atala* qui suscite l'intérêt des lecteurs (même si l'histoire d'une passion en butte aux interdits religieux séduit largement), mais bien le style poétique de l'auteur, au service d'un exotisme authentique. Si le roman se rattache à bien des égards au XVIIIe siècle et à l'exotisme sentimental, la richesse du style, la nouveauté des couleurs, la profondeur des sentiments, la magnificence des images et l'harmonie de la phrase en font une œuvre originale qui émerveille les contemporains.

Le succès d'*Atala* est considérable : en France, cinq éditions se sont succédées en l'espace d'un an. Véritable phénomène de société, le roman ouvre la voie au romantisme et inspire la mode. Ce n'est donc pas surprenant que les partisans de l'école classique se soient montrés peu indulgents envers l'ouvrage. Les attaques de la « vieille critique », refusant cette nouvelle manière d'écrire, sont en effet aussi violentes que les éloges des admirateurs. La querelle qui s'engage annonce en quelque sorte la « bataille d'Hernani » qui, trente ans après la publication d'*Atala*, voit naître un romantisme flamboyant.

LES THÈMES PRINCIPAUX

L'exotisme

Chateaubriand publie ce récit sous le titre *Atala ou les Amours de deux sauvages dans le désert*. En s'inspirant directement de la littérature du XVIIIe siècle, durant lequel les récits de voyage abondent et enchantent plusieurs générations de lecteurs, Chateaubriand exploite ici le thème de l'exotisme : il peint une nature étrangère, primitive, inspirée de son séjour en Amérique. Le thème exotique n'est en effet pas nouveau ; et le retour à la nature, avec le mythe du « bon sauvage », est repris des Lumières. D'ailleurs, Chactas et Atala ne sont pas ceux que les lecteurs imaginent au début du récit. Ils ne sont en effet que des demi-sauvages : Chactas est recueilli et éduqué par un Espagnol chrétien nommé Lopez, lequel se révèle être le vrai père d'Atala, baptisée, comme lui, dans la religion catholique. Ce sont donc « deux sauvages à moitié civilisés » qui vivent une idylle au sein d'une nature sauvage et accueillante.

S'il n'est pas le premier à introduire ce motif dans la littérature française, l'exotisme américain de Chateaubriand relève quand même d'une grande nouveauté : ses descriptions du décor sont grandioses, spectaculaires, jusque-là sans équivalent. C'est un spectacle majestueux de la nature sauvage, un tableau magnifique des régions arrosées par le Mississippi (ou Meschacebé). Le récit s'ouvre sur les splendeurs de ses rives, qui éblouissent d'emblée le lecteur. Cette impression d'enchantement se confirme tout au long du roman, avec l'évocation de sons, de parfums, et surtout de couleurs (les « roses jaunes », les « serpents verts », les « hérons bleus », les « flamants roses », les « voiles d'or »). La faune inquiète, la végétation déborde de richesse ; et cette nature foisonnante apporte une sensation de dépaysement tout en créant une atmosphère étrange et mystérieuse. Jamais une nature pareille n'a été dépeinte. Certes, Chateaubriand, dans la lignée d'un Bougainville, rappelle les légendes et les coutumes des Indiens (la condamnation au bûcher des prisonniers de guerre, ou encore la réunion de femmes stériles autour du tombeau d'un enfant mort, dans l'espoir de guérir leur infirmité), mais l'originalité du motif exotique relève plus de la magnificence des paysages que de la singularité des mœurs. D'autres écrivains avaient déjà publié leurs impressions sur l'Amérique, mais l'œuvre d'*Atala* se distingue très nettement par l'effet d'enchantement qu'elle produit sur le lecteur.

Avec *Atala*, Chateaubriand participe à l'épanouissement du roman exotique, car s'il n'invente rien, il distille une forte dose de lyrisme. En décrivant dans un style poétique un monde merveilleux et infini, en représentant les splendeurs de la nature, le roman exotique devient sous sa plume une sorte de poème en prose : l'auteur vise moins à raconter une histoire qu'à produire un effet poétique. Il le dit lui-même dans la préface de la première édition du roman (1801) : « Il n'y a point d'aventure dans *Atala*. C'est une sorte de poème, moitié descriptif, moitié dramatique. » La richesse, la beauté et l'harmonie du style qui servent la description de la nature exotique du Nouveau Monde permettent ainsi d'apporter un lyrisme intense et pénétrant, qui devient une composante essentielle de l'exotisme. Avec un certain souci d'objectivité dans la description des paysages, Chateaubriand se sert de la nature pour exprimer et approfondir les sentiments et les troubles de l'âme. La nature a donc une place à part entière : elle est le reflet des sentiments de l'âme et fait écho, surtout, à l'amour ardent entre Chactas et Atala. Quand ils errent dans la forêt, tous les éléments s'unissent (ou se déchaînent) pour chanter leur amour. Refoulé, leur désir s'exaspère et la nature, hostile, accablante, reflète cette tension. Plus tard, la violence de l'orage entre en communion avec la force et l'intensité du désir, prêt à l'emporter sur la religion. Ce tableau d'une nature sauvage que nous offre Chateaubriand attise les cœurs, et la magnificence des descriptions ajoute à la force des sentiments. L'auteur donne ainsi sa forme la plus parfaite à ce qu'on appelle « l'exotisme sentimental » ou « l'exotisme romantique ».

Cette nature exubérante décrite par Chateaubriand correspond-elle à la vérité géographique ? Certains critiques reprochent à l'auteur d'avoir transformé, sublimé cette nature qui est en réalité bien austère, et d'avoir situé dans le Mississippi des paysages et des mœurs d'autres régions. Chateaubriand prétend pourtant dans la Préface d'*Atala* que la nature américaine y est peinte avec la plus scrupuleuse exactitude. Quoi qu'il en soit, le lecteur, lorsqu'il entre dans la lecture d'*Atala*, est immédiatement convaincu de la justesse de la description des paysages de ce Nouveau Monde. Ce tableau d'une nature à la fois juste et magnifique devient pour les Français de l'époque le paradigme de l'exotisme américain.

La religion

Le thème de la religion est omniprésent dans *Atala*. En l'intégrant dans *Le Génie du Christianisme*, Chateaubriand entend faire de ce récit un exemple des « beautés poétiques et morales du christianisme ».

Selon Chateaubriand, l'histoire d'*Atala* illustre « l'harmonie de la religion chrétienne avec les scènes de la nature et les passions du cœur humain ». Tout, dans les descriptions de Chateaubriand, tend à réconcilier nature et religion. Dans un grand bois de sapins, le cimetière des Indiens de la mission évoque l'image de la cathédrale gothique : les troncs des arbres « ressembl[ent] à de hautes colonnes » formant un portique autour des tombeaux, grâce auxquels règne dans le cimetière « un bruit religieux, semblable au sourd mugissement de l'orgue sous les voûtes d'une église ». De même, la communauté du père Aubry, cette société évangélique qui ravit le cœur de Chactas, rassemble en son sein la religion et la nature. Lors de la messe du père Aubry, célébrée au milieu du désert, « l'eau se puise dans le torrent voisin, et une grappe de raison sauvage fournit le vin du sacrifice ». Les éléments de la nature sont ainsi sacralisés, et le héros est entièrement charmé par cette communauté qui intègre réciproquement la nature et la religion : « Ô magnificence du culte chrétien ! Pour sacrificateur un vieil ermite, pour autel un rocher, pour église le désert, pour assistance d'innocents Sauvages ! », s'exclame-t-il alors. Les sacrements sont eux aussi intégrés au décor naturel : le père Aubry baptise un enfant « parmi des jasmins et des fleurs », et des époux reçoivent la bénédiction nuptiale « sous un chêne ». Ainsi, l'auteur montre que la nature est instinctivement sacralisée et que la religion est initialement naturelle.

L'harmonie entre la religion chrétienne et les scènes de la nature tend spontanément vers l'expression d'une « religion naturelle », qui est la religion des Lumières. Outre l'interpénétration entre nature et religion, c'est la simplicité des rites, l'hostilité envers les superstitions et l'absence totale de dogmes irrationnels et autoritaires qui définissent cette religion des philosophes. En effet, on l'a vu, Chateaubriand invite le lecteur à ressentir la présence divine dans les merveilles de la nature, plutôt que de prouver l'existence de Dieu par des arguments théologiques. L'auteur semble ainsi vouloir montrer, avec *Atala*, les dangers de l'ignorance et du fanatisme religieux. Atala a promis à sa mère mourante de se consacrer entièrement à la religion. Déchirée entre sa promesse de rester vierge et sa passion amoureuse pour Chactas, la jeune fille s'empoisonne, ignorant qu'elle pouvait être relevée de ses vœux ; ignorant également la gravité du suicide pour une chrétienne. Chateaubriand remet en cause le caractère inhumain des vœux prononcés par Atala (« Votre mère et l'imprudent missionnaire qui la dirigeait, ont été plus coupables que vous ; ils ont passé leurs pouvoirs, en vous arrachant un vœu indiscret », explique le père Aubry), et prouve à quels égarements regrettables peut conduire la religion mal comprise (« Ma fille, tous vos malheurs viennent de votre ignorance »). L'auteur place dans la bouche du religieux, prêt à relever Atala de ses vœux, les propos apaisants et tolérants de la religion des Lumières. Hostile aux superstitions, soucieux de concilier nature et religion, bref, partisan d'une religion naturelle à bien des égards, le père Aubry se révèle pourtant parfois d'un brusque pessimisme augustinien. « Illusion, chimère, vanité, rêve d'une imagination blessée ! », déclare-t-il pour dénoncer les ambitions d'une vie qui ne serait que misère, douleur, souffrance. Aussi le religieux est-il un personnage ambivalent, à l'image de deux conceptions du christianisme qui paraissent se heurter dans *Atala*.

On l'a dit, en insérant l'histoire d'*Atala* dans son *Génie du Christianisme*, Chateaubriand prétend faire ici l'apologie de la religion chrétienne. En effet, le sentiment religieux, exprimé avec force et conviction, est extrêmement présent dans le récit. Chactas, par exemple, est en admiration devant tous les prodiges du christianisme lorsqu'il visite la mission de l'ermite. La religion, par ailleurs, semble magnifier tous ceux qui la pratiquent : le corps de la jeune fille décédée, cette beauté « céleste », est décrit pareil à une « statue de la virginité endormie » ; on lui confère une dimension mystique qui provoque l'émerveillement. De même, le père Aubry, condamné au bûcher mais ne cessant de prier pour le salut de ses ennemis, suscite l'admiration ; et ses discours sont la plupart du temps sublimes et tendres, comme la religion qui l'inspire. Chateaubriand évoque ainsi les vertus du christianisme en espérant faire d'*Atala* une œuvre apologétique. Néanmoins, l'auteur présente aussi la religion chrétienne par son côté le plus défavorable, à savoir l'abus qu'on peut en faire, le dévouement absolu. La religion apparaît comme un obstacle à l'épanouissement de l'individu. Elle empêche à la passion amoureuse de se réaliser, malgré la force du désir qui unit Chactas et Atala. Le vœu de l'indienne la tient aussi prisonnière que si elle était enfermée de force dans un couvent. Elle meurt, victime de son ignorance ; victime, surtout, de la superstition. Ainsi, le texte demeure ambigu, et l'on se demande s'il n'était pas à l'origine d'une œuvre antichrétienne. *Atala* a dû certainement connaître une première rédaction antérieure à la conversion de Chateaubriand qui, retrouvant la foi à la mort de sa mère, aurait tout fait pour lui donner finalement un caractère apologétique : d'où bien des dissonances.

ÉTUDE DU MOUVEMENT LITTÉRAIRE

À cette période confuse du postclassicisme, personne ne sait encore que le romantisme va l'emporter sur toutes les autres tendances littéraires. Le récit d'*Atala* s'inscrit pleinement aux fondements du mouvement romantique, qui fait prévaloir le sentiment sur la raison, même si celui-ci ne s'impose en France qu'en 1820 avec *Les Méditations poétiques* de Lamartine.

Malgré sa forte identité, le romantisme français ne s'impose en France qu'après un premier afflux en Europe. C'est au XVIIe siècle en Angleterre qu'apparaît l'adjectif « romantic » pour désigner ce qui est pittoresque, puis pour exprimer l'idée d'une nature libre et sauvage. En Allemagne, le mot devient substantif à la fin du XVIIIe siècle et caractérise le désir d'unir son âme à la nature divine. Entre ces deux acceptations différentes, l'adjectif français « romantique » désigne le lien entre les paysages et la rêverie, à savoir notamment que le paysage reflète les mouvements de l'âme.

Du « vague des passions » au « mal du siècle », l'âme romantique se définit par les inquiétudes d'un « moi » qui ne parvient pas à combler l'abîme de son existence, et qui ressent fortement l'écart entre les virtualités de son cœur et leur impossible réalisation. Chateaubriand affirme ainsi dans *Le Génie du Christianisme* : « On habite avec un cœur plein dans un monde vide, et, sans avoir usé de rien on est désabusé de tout. »

Le romantisme prend ses racines dans le XVIIIe siècle. L'éclosion du mouvement est en effet l'aboutissement d'une longue évolution se dessinant entre deux siècles – période désignée sous le nom de « préromantisme », pendant laquelle on tente d'établir un lien entre le règne de la raison au XVIIIe siècle et celui du cœur au XIXe siècle. Déjà en 1731, l'abbé

Prévost décrit les ravages de la passion dans *Manon Lescaut* ; et le roman de Marivaux, *La Vie de Marianne*, donne une place importante aux intuitions et aux émois du cœur. Diderot témoigne lui aussi d'une mélancolie profonde et d'une sensibilité extrême : en 1760, il est le premier à utiliser l'un des mots-clefs du romantisme, celui de « spleen », appelé à devenir célèbre quelques années plus tard sous le nom de « mal du siècle ». Mais c'est surtout avec Rousseau que se répand, dans toute l'Europe occidentale de la deuxième moitié du XVIIIe siècle, un esprit nouveau. Il exprime le goût de la nature et de la solitude et donne leurs lettres de noblesse aux épanchements du cœur. Avec *Les Rêveries du promeneur solitaire*, il établit une correspondance entre le paysage et l'état d'âme. Vers 1800, alors que la Révolution et l'Empire bouleversent en France les traditions littéraires, Chateaubriand et madame de Staël établissent les conditions nécessaires au renouvellement de la pensée : *Le Génie du Christianisme* condamne l'esthétique classique et met la religion chrétienne au service de l'art ; quant à madame de Staël, elle propose l'imitation des littératures « romantiques » du Nord face à l'imitation des littératures « classiques » du Sud. En 1820, la parution des *Méditations poétiques* de Lamartine est considérée comme l'acte de naissance officiel du romantisme. En 1830, la bataille autour de la pièce *Hernani* de Victor Hugo marque le triomphe définitif du romantisme dans la littérature française.

À l'origine de cette évolution littéraire se trouve l'affranchissement des modèles et des règles du passé. Le principe auquel se rallie l'école romantique est avant tout celui de la liberté dans l'art, comme le proclame Hugo dans la préface de *Cromwell* en 1827. De cette liberté revendiquée découlent des caractères généraux comme le primat de l'émotion sur l'idée claire, l'individualisme et le culte du « moi », la libre expression de la sensibilité à travers des thèmes comme la religion, la mélancolie, le sentiment de la nature. La littérature romantique, c'est également la prépondérance de l'imagination sur l'action ; c'est le goût du mystère et du fantastique ; l'amour de l'absolu, de l'étrange et de l'ailleurs. C'est l'évasion dans le rêve ou le passé.

En 1843, l'échec des *Burgraves* de Victor Hugo annonce déjà le déclin du théâtre romantique. Mais c'est surtout les journées sanglantes de 1848 et le coup d'état de Louis-Napoléon Bonaparte qui provoquent une réaction dans le domaine de la littérature : l'échec des révolutions marque la fin de beaucoup d'espoirs romantiques. Le public est las des effusions sentimentales, et les grands maîtres du romantisme cessent de produire ou de publier des vers. Seule la vitalité de Victor Hugo permet de prolonger le romantisme avec la publication des *Châtiments* en 1853 et des *Contemplations* en 1856. En marge de ces quelques publications, la littérature se réclame le plus souvent de l'art pour l'art ou du réalisme objectif, en réaction aux épanchements lyriques du mouvement romantique. L'influence du romantisme a néanmoins été profonde, et le mouvement s'est largement imposé dans toute l'Europe.

DANS LA MÊME COLLECTION
(par ordre alphabétique)

- **Anonyme**, *La Farce de Maître Pathelin*
- **Anouilh**, *Antigone*
- **Aragon**, *Aurélien*
- **Aragon**, *Le Paysan de Paris*
- **Austen**, *Raison et Sentiments*
- **Balzac**, *Illusions perdues*
- **Balzac**, *La Femme de trente ans*
- **Balzac**, *Le Colonel Chabert*
- **Balzac**, *Le Lys dans la vallée*
- **Balzac**, *Le Père Goriot*
- **Barbey d'Aurevilly**, *L'Ensorcelée*
- **Barbey d'Aurevilly**, *Les Diaboliques*
- **Bataille**, *Ma mère*
- **Baudelaire**, *Les Fleurs du Mal*
- **Baudelaire**, *Petits poèmes en prose*
- **Beaumarchais**, *Le Barbier de Séville*
- **Beaumarchais**, *Le Mariage de Figaro*
- **Beauvoir**, *Mémoires d'une jeune fille rangée*
- **Beckett**, *En attendant Godot*
- **Beckett**, *Fin de partie*
- **Brecht**, *La Noce*
- **Brecht**, *La Résistible ascension d'Arturo Ui*
- **Brecht**, *Mère Courage et ses enfants*
- **Breton**, *Nadja*
- **Brontë**, *Jane Eyre*
- **Camus**, *L'Étranger*
- **Carroll**, *Alice au pays des merveilles*
- **Céline**, *Mort à crédit*

- **Céline**, *Voyage au bout de la nuit*
- **Chateaubriand**, *René*
- **Chrétien de Troyes**, *Perceval*
- **Cocteau**, *La Machine infernale*
- **Cocteau**, *Les Enfants terribles*
- **Colette**, *Le Blé en herbe*
- **Corneille**, *Le Cid*
- **Crébillon fils**, *Les Égarements du cœur et de l'esprit*
- **Defoe**, *Robinson Crusoé*
- **Dickens**, *Oliver Twist*
- **Du Bellay**, *Les Regrets*
- **Dumas**, *Henri III et sa cour*
- **Duras**, *L'Amant*
- **Duras**, *La Pluie d'été*
- **Duras**, *Un barrage contre le Pacifique*
- **Flaubert**, *Bouvard et Pécuchet*
- **Flaubert**, *L'Éducation sentimentale*
- **Flaubert**, *Madame Bovary*
- **Flaubert**, *Salammbô*
- **Gary**, *La Vie devant soi*
- **Giraudoux**, *Électre*
- **Giraudoux**, *La Guerre de Troie n'aura pas lieu*
- **Gogol**, *Le Mariage*
- **Homère**, *L'Odyssée*
- **Hugo**, *Hernani*
- **Hugo**, *Les Misérables*
- **Hugo**, *Notre-Dame de Paris*
- **Huxley**, *Le Meilleur des mondes*
- **Jaccottet**, *À la lumière d'hiver*
- **James**, *Une vie à Londres*
- **Jarry**, *Ubu roi*
- **Kafka**, *La Métamorphose*
- **Kerouac**, *Sur la route*

- **Kessel**, *Le Lion*
- **La Fayette**, *La Princesse de Clèves*
- **Le Clézio**, *Mondo et autres histoires*
- **Levi**, *Si c'est un homme*
- **London**, *Croc-Blanc*
- **London**, *L'Appel de la forêt*
- **Maupassant**, *Boule de suif*
- **Maupassant**, *Le Horla*
- **Maupassant**, *Une vie*
- **Molière**, *Amphitryon*
- **Molière**, *Dom Juan*
- **Molière**, *L'Avare*
- **Molière**, *Le Malade imaginaire*
- **Molière**, *Le Tartuffe*
- **Molière**, *Les Fourberies de Scapin*
- **Musset**, *Les Caprices de Marianne*
- **Musset**, *Lorenzaccio*
- **Musset**, *On ne badine pas avec l'amour*
- **Perec**, *La Disparition*
- **Perec**, *Les Choses*
- **Perrault**, *Contes*
- **Prévert**, *Paroles*
- **Prévost**, *Manon Lescaut*
- **Proust**, *À l'ombre des jeunes filles en fleurs*
- **Proust**, *Albertine disparue*
- **Proust**, *Du côté de chez Swann*
- **Proust**, *Le Côté de Guermantes*
- **Proust**, *Le Temps retrouvé*
- **Proust**, *Sodome et Gomorrhe*
- **Proust**, *Un amour de Swann*
- **Queneau**, *Exercices de style*
- **Quignard**, *Tous les matins du monde*
- **Rabelais**, *Gargantua*

- **Rabelais**, *Pantagruel*
- **Racine**, *Andromaque*
- **Racine**, *Bérénice*
- **Racine**, *Britannicus*
- **Racine**, *Phèdre*
- **Renard**, *Poil de carotte*
- **Rimbaud**, *Une saison en enfer*
- **Sagan**, *Bonjour tristesse*
- **Saint-Exupéry**, *Le Petit Prince*
- **Sarraute**, *Enfance*
- **Sarraute**, *Tropismes*
- **Sartre**, *Huis clos*
- **Sartre**, *La Nausée*
- **Senghor**, *La Belle histoire de Leuk-le-lièvre*
- **Shakespeare**, *Roméo et Juliette*
- **Steinbeck**, *Les Raisins de la colère*
- **Stendhal**, *La Chartreuse de Parme*
- **Stendhal**, *Le Rouge et le Noir*
- **Verlaine**, *Romances sans paroles*
- **Verne**, *Une ville flottante*
- **Verne**, *Voyage au centre de la Terre*
- **Vian**, *J'irai cracher sur vos tombes*
- **Vian**, *L'Arrache-cœur*
- **Vian**, *L'Écume des jours*
- **Voltaire**, *Candide*
- **Voltaire**, *Micromégas*
- **Zola**, *Au Bonheur des Dames*
- **Zola**, *Germinal*
- **Zola**, *L'Argent*
- **Zola**, *L'Assommoir*
- **Zola**, *La Bête humaine*
- **Zola**, *Nana*
- **Zola**, *Pot-Bouille*